AF463652

8°R
22095

BIBLIOTHÈQUE
du
MOUVEMENT SOCIALISTE
I

SYNDICALISME & SOCIALISME

Avant-propos.	*Hubert Lagardelle.*
I. Le Syndicalisme et le Socialisme en Italie . .	*Arturo Labriola.*
II. Le Syndicalisme et le Socialisme en Allemagne.	*Robert Michels.*
III. Le Syndicalisme et le Socialisme en Russie. .	*Boris Kritchewsky.*
IV. Le Syndicalisme et le Socialisme en France. .	*Hubert Lagardelle.*
V. Les Caractères du Syndicalisme français . . .	*Victor Griffuelhes.*
Appendice : Anarchisme et Syndicalisme. . . .	*Hubert Lagardelle.*

PARIS

LIBRAIRIE DES SCIENCES POLITIQUES & SOCIALES

MARCEL RIVIÈRE

30, rue Jacob

—

1908

AVANT-PROPOS

Les discours qu'on va lire ont été prononcés, le 3 avril 1907, à Paris, dans une conférence internationale dont le sujet était les rapports du syndicalisme et du socialisme (1). Les organisateurs avaient pour but, moins de marquer le niveau atteint dans chaque pays par le courant syndicaliste, que d'affirmer l'union des *tendances nouvelles* qui, à travers la variété des milieux nationaux, semblent porter le socialisme vers une renaissance.

Trois ordres d'idées peuvent se dégager des observations émises par les divers orateurs. Ce sont ces indications que nous voudrions mettre brièvement en lumière.

I. — *Si la lutte de classe est tout le socialisme, on peut dire que tout le socialisme est contenu dans le syndicalisme, puisque hors du syndicalisme, il n'y a pas de lutte de classe.*

La lutte de classe implique une rupture totale entre le prolétariat et la bourgeoisie, c'est-à-dire entre deux mondes qui ont de la vie une notion contraire. Elle suppose que la classe ouvrière, animée d'un esprit

(1) Conférence internationale, tenue à Paris, à la Société de Géographie, le 3 avril 1907, avec le concours de *Victor Griffuelhes*, président de la réunion, et *Arturo Labriola, Robert Michels, Boris Kritchewsky* et *Hubert Lagardelle.*

permanent de révolte contre les maîtres de la production et de la politique, est parvenue à s'isoler dans ses cadres naturels et à se créer de toutes pièces des institutions et une idéologie propres. A cette condition seulement, le socialisme de la lutte de classe conçoit comme réalisable le passage d'une société asservie à une société libre.

Or, ce double mouvement de négation du présent et de préparation de l'avenir, les deux formes extrêmes du socialisme traditionnel : le socialisme parlementaire et le socialisme anarchiste, ont été impuissantes à le réaliser.

Le socialisme parlementaire — tant sous ses aspects révolutionnaires que réformistes — a vécu de cette illusion que les partis sont l'expression politique des classes et que ces dernières trouvent dans le parlement le mécanisme enregistreur de leurs forces respectives. Mais l'expérience a montré que les partis, loin d'être le décalque des classes, sont un mélange hétéroclite d'éléments empruntés à toutes les catégories sociales, et qu'il n'y a pas non plus de rapport entre l'influence politique des partis socialistes et la puissance réelle de la classe ouvrière. En fait, non seulement le socialisme parlementaire n'a pas opéré de scission irréductible entre le prolétariat et la bourgeoisie, mais il est devenu un des facteurs constitutifs de l'État et un des agents de *l'action solidariste* de la démocratie.

Le socialisme anarchiste, malgré ses audacieuses révoltes, n'a pas eu des classes et de la lutte de classe une conception claire. Dans sa méconnaissance des choses de l'économie, il s'est adressé à tous les hommes indistinctement et a fait porter son principal effort sur la réforme individuelle par le procédé illusoire de l'*éducation* littéraire, rationaliste et scientifique. Mais la négation sentimentale et abstraite du principe d'autorité et de l'État, est incapable de réduire la force oppressive de tous les pouvoirs de coercition, qui ne peuvent être éliminés que par les créations concrètes du prolétariat révolutionnaire. Il est arrivé ainsi à beaucoup d'anarchistes, grisés de culture idéologique et de superstition livresque, de se nourrir à leur insu de la substance intellectuelle de la bourgeoisie et de se rattacher par la communauté des idées au monde dont ils se séparaient par l'énergie des actes.

Le syndicalisme, au contraire, saisit la classe ouvrière dans ses formations de combat. Il la considère comme la seule classe qui puisse, par les conditions de sa vie et les affirmations de sa conscience, renouveler le monde, mais à la condition qu'elle reste étrangère à la société bourgeoise. Il prend les producteurs dans les cadres mêmes de l'atelier et des groupements qui le prolongent : syndicats, fédérations, bourses de travail, etc., et il organise leur révolte contre l'autorité patronale; en niant le pouvoir et la loi, en enrichissant de fonctions les institutions ouvrières, il disloque l'État et le dépouille de ses prérogatives; par la grève, par la propagande pour la grève générale, il détruit, heure par heure, au fur et à mesure qu'elle se produit, l'œuvre mensongère d'union des classes que poursuit la démocratie; il donne corps enfin aux idées spécifiques du prolétariat, c'est-à-dire à cet ensemble de sentiments juridiques nés au cœur de la lutte et qui constituent la base du droit nouveau, du droit d'une société sans maîtres.

La rupture est ici totale, la lutte de classe est parfaite. Aucune des valeurs traditionnelles ne peut survivre à ce travail de destruction progressive. Nous sommes vraiment en face d'une classe qui n'utilise que ses acquisitions et qui est emportée par une formidable volonté de puissance. Elle entend être l'unique artisan de sa destinée et n'avoir de protecteur qu'elle-même. Où trouver force révolutionnaire plus active ?

II. — *Les milieux nationaux les plus favorables au développement du syndicalisme sont ceux où les conditions historiques et politiques permettent la plus grande exaltation révolutionnaire du prolétariat et sa scission avec les autres classes.*

Ce n'est pas un accident historique qui a fait naître le syndicalisme en France. Il y avait comme une prédisposition du milieu national. La réalisation du plein régime démocratique, qui a donné aux partis socialistes libre accès au pouvoir et qui a enfin créé l'État populaire, ne pouvait qu'ouvrir les yeux aux prolétaires. Du jour où ils ont vu s'incorporer à la société officielle les partis qui préconisaient la révolution, et du jour aussi où ils ont reconnu que le gouvernement démocratique, objet de leurs plus longs espoirs, était identique et pareil à tous les gouvernements, en ce sens qu'il ne modifiait en rien les rapports des classes ; dès ce jour, ils ont rompu avec la démocratie et se sont retranchés dans leurs organisations. Mais sans les traditions révolutionnaires de notre pays, qui font vibrer l'homme du peuple à l'annonce de toute entreprise héroïque, le syndicalisme n'aurait peut-être pas revêtu cette allure guerrière qui entretient sa flamme et lui communique une si haute vertu. Et on peut en dire autant pour l'Italie : si le syndicalisme a pu y jeter ses premières racines, c'est qu'ici aussi nous sommes dans une démocratie très évoluée, et qui a des origines révolutionnaires.

Mais il n'y a pas de dogme qui édicte que le syndicalisme ne peut se développer que dans les seules démocraties animées de souvenirs épiques. La Russie, qui est aux antipodes de l'organisation politique de la France et de l'Italie, commence déjà à être agitée par un jeune mouvement syndicaliste révolutionnaire. C'est qu'ici, avec une autre force encore que dans nos démocraties latines, les traditions héroïques sont vivantes et s'alimentent tous les jours aux péripéties de la plus tragique des luttes. La masse ouvrière a l'accoutumance de l'action et du sacrifice, et elle se trouve naturellement à la hauteur des plus grandes tâches.

Par contre, les lourdes masses du socialisme allemand ne sont pas prêtes pour de tels élans. Le même rôle réactionnaire que l'Allemagne impériale joue dans l'Europe moderne, on peut dire que la social-démocratie le tient dans le socialisme contemporain. C'est la même pesanteur dogmatique, la même peur de toute liberté, le même fétichisme de l'autorité. Mais, en vérité, où le prolériat allemand aurait-il pris ce goût de la lutte, sans lequel il n'y a pas de syndicalisme? Il n'existe pas, en Allemagne, de traditions révolutionnaires capables de communiquer au peuple des aspirations incoercibles vers l'indépendance : tout, au contraire, dans le milieu national, tend systématiquement à briser le libre élan de l'individualité et à l'enfermer dans les cadres rigides d'une organisation savamment autoritaire.

C'est pourquoi nous assistons à la ruine de l'antique dictature de la social-démocratie allemande et nous voyons se déplacer le centre de rayonnement de la pensée socialiste. Le foyer de vie est maintenant partout où un prolétariat jeune et ardent revendique le droit à l'action créatrice, et il semble avoir quitté à jamais le pays des scolastiques mortes.

III. — *Le syndicalisme est vide de tout utopisme, en ce sens qu'il subordonne son triomphe à tout un ensemble de conditions préalables, et qu'en attendant il joue dans le monde un rôle rénovateur.*

Plus de dogmes ni de formules ; plus de discussions vaines sur la société future ; plus de plans compendieux d'organisation sociale ; mais un sens de la lutte qui s'avive par la pratique, une philosophie de l'action qui donne la première place à l'intuition, et qui proclame que le plus simple ouvrier engagé dans le combat en sait davantage que les plus abscons doctrinaires de toutes les écoles.

Il n'y a pas place dans une telle conception pour les rêveries utopiques qui annoncent à date fixe le bouleversement de la société. Mais les producteurs engagés dans la lutte syndicaliste savent d'instinct qu'il ne s'accomplira pas de changement en dehors de leur volonté et de leur organisation, et que les créations spontanées de la vie seront toujours plus riches que les plus merveilleuses inventions des fabricateurs de systèmes. Il suffit que les facultés guerrières du prolétariat soient sans cesse tenues en éveil et qu'il ne perde jamais l'énergie aventureuse qui fait les conquérants.

Par cette exaltation des forces vives de la classe ouvrière, par cet appel aux sentiments les plus émouvants de la personne humaine, le syndicalisme rend au socialisme le rôle civilisateur qu'il avait perdu. Partout où les idées nouvelles ont apparu, c'est comme un rajeunissement de la pensée socialiste et comme un clair réveil après un sommeil dogmatique. Ce souffle de printemps nouveau doit rendre confiance aux socialistes qui, sans trop espérer, ne désespèrent pas.

Hubert LAGARDELLE

I

Le Syndicalisme et le Socialisme en Italie

Par ARTURO LABRIOLA

Citoyennes et Citoyens,

Pour bien comprendre la valeur du syndicalisme au sein du socialisme international, il ne faut pas perdre de vue que, comme dans tous les mouvements sociaux, il y a dans le socialisme *un côté essentiel* et *un côté accessoire*, et qu'il arrive souvent que l'accessoire finit par l'emporter sur l'essentiel.

Le socialisme est un mouvement de masse. Ce mouvement peut bien se développer *par voies souterraines* et prendre historiquement la forme de la conspiration. Mais, précisément parce qu'il intéresse la masse, ou bien il vient couronner la démocratie, ou bien il se sert des mêmes moyens d'action que la démocratie. Il n'est pas besoin de rappeler que les mêmes faits qui engendrent ou représentent la démocratie, donnent lieu au socialisme.

Le socialisme traverse un moment critique. Il lui semble que son sort est lié à celui de la démocratie, et qu'il ne peut vivre qu'au sein des institutions démocratiques. Suffrage universel, parlementarisme, pression sur les pouvoirs publics, agitation de l'opinion publique, considérée comme exprimant les sentiments de *tous* les citoyens, enfin conquête de l'État, semblent la manifestation légitime de l'action socialiste.

Mais, en réalité, le socialisme n'est pas un dérivé de la démocratie. Tout au plus peut-on dire qu'ils tirent l'un et l'autre leur origine d'une même situation historique et qu'elle les a engendrés simultanément. La démocratie avait pour objet l'action en commun et solidariste de tous les citoyens à l'intérieur de l'État; le socialisme a pour but l'action distincte et séparée d'un groupe de producteurs à l'intérieur de l'atelier et sur le terrain des antagonismes économiques, pour rayonner de là au dehors et investir l'État.

Le socialiste, naturellement, n'exclut pas *le citoyen*; et qu'on considérât, historiquement, l'État comme un organe destiné à représenter les intérêts économiquement prépondérants, cela n'empêchait nullement qu'on ne tentât d'en rendre l'action moins pesante et moins hostile. Le socialisme se fit donc par surcroît démocratique, en ce sens qu'à certains moments il délaissait la sphère de la production pour s'intéresser à des questions qui ne regardaient plus les ouvriers en tant que *producteurs*, mais en tant que *citoyens*. Seulement, il arriva que l'action démocratique parut bien vite aux représentants du socialisme plus douce et plus souriante que l'action de classe proprement dite, dont le terrain spécifique est l'atelier, et l'organe, le syndicat, succédané de l'atelier. Et le parti socialiste devint un parti démocratique comme les autres, uniquement préoccupé de luttes parlementaires et de cuisine électorale, et ne menant la lutte économique que dans la mesure où elle pouvait servir à fortifier sa situation électorale. La coopération elle-même, si prosaïque et si froidement économique qu'elle apparaisse, fut considérée comme une simple roue du char électoral du parti. Le socialisme devint une *démocratie sociale*, c'est-à-dire un phénomène qui n'a pas laissé que d'exciter bien souvent la douce hilarité de ce prosaïque économiste qui s'appelait Karl Marx.

De même dans la théorie. Le socialisme ne chercha plus à approfondir les causes qui rendent plus aigu l'antagonisme entre la classe ouvrière et la classe capitaliste et aguerrissent la classe ouvrière contre la classe capitaliste. La doctrine socialiste devint ou une nouvelle *variation* romantique sur les destins futurs de l'humanité « dans la fraternité du travail » (Renard, Jaurès, Atlanticus, Merlino, etc.), ou une recherche des causes qui font croître la solidarité sociale et préparent ainsi un régime où cessera la concurrence meurtrière entre les hommes (ici il faudrait citer tous les *intellectuels* socialistes des diverses parties du monde). La doctrine de l'opposition et de l'antagonisme des classes fut ou complétée ou niée par la doctrine de la *collaboration* des classes. Inutile d'ajouter que cela ne pouvait pas ne pas frapper de stérilité la théorie socialiste : on voit par là combien une série ordonnée et rationnelle d'idées peut être bouleversée par une autre série qui vient se mettre au travers.

Et c'est ainsi qu'il est arrivé à la littérature socialiste de devenir une chose aussi peu intéressante.

Le socialisme, comme mouvement, est devenu, par suite de ces faits, une simple machinerie parlementaire au service de quelques politiciens. Comme doctrine, une variante du solidarisme de Spencer et d'Auguste Comte, un appendice bouffon au positivisme déjà assez bouffon des scientistes officiels, ou un commentaire insipide (spécialité allemande) des moindres bouts de phrases à double sens que même un géant de la pensée, comme Marx, peut laisser échapper.

Ce n'est qu'avec Georges Sorel que nous avons commencé à respirer dans une atmosphère de pensée vraiment haute et libre. En ma qualité d'Italien et de modeste étudiant ès sciences économiques, c'est là une déclaration que je me sens obligé de faire.

Par bonheur, et comme il arrive toujours, les faits se sont chargés de corriger les erreurs des hommes. Depuis que le socialisme s'est mis à se faire électoral, il est apparu d'une évidence chaque jour plus éclatante qu'entre les succès électoraux du socialisme et son progrès réel il n'y a aucune corrélation. Dans tous les pays où il existe un régime électoral, les socialistes se sont fait une place au Parlement. Dans plusieurs pays même, ou bien ils enlevèrent quelque portefeuille ministériel, ou bien ils soutinrent de leurs votes le ministère, assumant ainsi la responsabilité directe du gouvernement. Là où ils ne purent s'agréger à la majorité de quelque ministère ou entrer dans le gouvernement, ils montrèrent une folle envie de le faire et un grand courroux de ce que leurs adversaires ne crussent pas à la loyauté de leurs intentions.

A quoi aboutirent les apostasies, les compromissions et les transactions ministérialistes du socialisme ? Jamais la société socialiste ne parut aussi éloignée de sa réalisation que lorsque les socialistes s'approchèrent du pouvoir. Si la « conquête du pouvoir », c'est le fait pour quelques socialistes de mettre les pieds là où il n'y avait à rencontrer auparavant que des bourgeois, il faut dire sans ambages que la conquête du pouvoir est une réjouissante turlupinade,

Les socialistes qui sont parvenus à s'asseoir sur les sièges ministériels n'en firent ni plus ni moins que leurs prédécesseurs bourgeois. Et il est bien inutile de rechercher des effets oratoires à dénoncer les contradictions existant entre leur pratique ministérielle et les principes du socialisme, qu'ils répandaient eux-mêmes à l'époque où ils n'avaient pas encore réussi à devenir membres du gouvernement ou de la majorité gouvernementale. Qu'on n'aille pas dire non plus que ce qui s'est passé ici ne se passera pas là. D'abord le fait est très général : on l'a constaté en France, en Suisse, en Italie et dans la Nouvelle Zélande. Les socialistes allemands se targuent de vouloir faire autrement et de ne pas s'être encore compromis ; mais de cela ils doivent rendre grâce au Kaiser et à son entourage, gens d'un métal un peu plus résistant que les socialistes de leur pays. Une seule exception est à faire en faveur des socialistes russes — et encore pas de tous. La poésie de la Révolution et la flamme d'or de l'héroïsme qui entoure d'un nimbe de gloire leur vie présente nous empêche, à nous dont les yeux sont habitués à de plus laides réalités, de bien comprendre leur tactique.

Vinrent les défaites électorales. Elles ont démontré à leur tour qu'entre le mouvement électoral et le socialisme, il n'y a pas de connexion. Puis, la *pochade* parlementaire et le *ballet* ministériel achevèrent de montrer que, vraiment, le socialisme, c'est autre chose que la démocratie.

Deux propositions apparurent alors dans toute leur évidence, propositions que déjà le syndicalisme avait déduites de l'énoncé général de la doctrine socialiste :

1° *Le parti*, machine essentiellement politique et démocratique, est autre chose que *la classe ;*

2° Le développement du socialisme se fait par une autre voie que la voie parlementaire et démocratique.

A bien regarder, tout le syndicalisme est là.

Il y a quatorze ou quinze ans que le parti socialiste fit, en Italie, sa triomphale apparition — modelé sur le patron de la démocratie socialiste allemande. Le nord de l'Italie, où il existe une vie capitaliste très intense, était préparé à l'accueillir. Le prolétariat des grandes cités, déjà organisé sur le terrain professionnel, constitua aussitôt le noyau le plus résistant du nouveau parti. Il était resté jusque-là à la remorque de la démocratie politique; mais, à plus d'un signe, il avait montré sa volonté de se libérer de cette tutelle gênante, et déjà avec le *Parti ouvrier* — création spontanée des classes ouvrières de l'Italie du Nord — s'il était engagé, quoique encore avec quelque hésitation et beaucoup de flottements, sur le chemin du socialisme international.

Beaucoup d'intellectuels, que les conditions misérables de notre pays tenaient loin des profits et des places, et que la subtile vivacité d'esprit commune aux méridionaux rendait plus aisément accessible aux nouvelles idées, concoururent à donner du crédit, par leur action, au nouveau parti. Là où les conditions n'étaient pas favorables au développement d'un socialisme résultant des antagonismes propres à une société industrielle et capitaliste, comme dans l'Italie méridionale, la misère des masses constituait le terrain sur lequel le socialisme, par beaucoup de ses généralisations et quelques-unes de ses promesses, pouvait facilement prospérer.

Les débuts furent splendides. Le parti déploya fièrement et largement tout son drapeau. Le cri de guerre était : collectivisme et lutte de classe.

Le gouvernement eut peur, les classes dirigeantes eurent peur. Crispi nous persécuta cruellement. En 1894, une loi d'exception fut forgée contre le parti socialiste. Les révoltes de 1898 furent noyées dans le sang. Milan fut canonnée. Les socialistes peuplèrent les prisons et les routes de l'exil. Et nos succès électoraux ne se comptèrent plus, bien que l'Italie n'eût pas le suffrage universel, mais un système électoral qui ne confère le vote qu'à ceux qui, ayant plus de vingt ans, justifient savoir lire et écrire.

Rapidement, comme il est accoutumé en Italie, les choses changèrent de face. Le coup de revolver par lequel Bresci débarrassa l'Italie du roi Humbert produisit un notable changement dans la politique italienne. Le nouveau roi prit une attitude démocratique.

Après la brève parenthèse d'un gouvernement fébrilement conservateur de Saracco, Zanardelli, un doctrinaire du libéralisme démocratique avancé, fut appelé au pouvoir et, en quelques semaines, instaura en Italie un régime de liberté publique presque complète. Le gouvernement faisait profession de stricte neutralité dans les conflits du capital et du travail ; Giolitti, alors simple ministre de l'Intérieur, attaquait, dans ses discours parlementaires, au nom du gouvernement, l'égoïsme des propriétaires et faisait l'apologie des organisations ouvrières.

L'extrême-gauche fut désarmée. Elle entra en bloc dans la majorité ministérielle. Le groupe socialiste, y compris Ferri, se montra le soutien le plus enthousiaste du nouveau ministère. Après la mort de Zanardelli, Giolitti, devenu président du Conseil, offrit à Turati un portefeuille dans le nouveau cabinet, et si Turati refusa, ce ne fut pas pour des raisons de principe, mais seulement par convenance personnelle et opportunisme de parti ; les socialistes continuèrent à soutenir le nouveau ministère.

Quant à ceux qui s'étaient imaginés que le parti blâmerait la conduite de son groupe parlementaire, ils durent reconnaître qu'ils s'étaient trompés. Le parti lança des déclarations générales pleines du plus féroce radicalisme, mais il n'hésita pas à approuver ses députés. On vit alors une fois de plus que les déclarations de principes les plus intransigeantes ne constituent nullement une barrière aux compromis de la vie pratique. Le parti se borna à examiner si son importance et sa force politiques croissaient, et comme, indiscutablement, elles étaient renforcées par l'alliance avec le pouvoir, il se mit du côté des députés. Il accepta le ministérialisme parlementaire et les alliances électorales en dehors du Parlement.

Alors, nous, qui étions de la fraction extrême, nous dûmes reconnaître que les coupables, ce n'étaient pas les individus. L'esprit de compromission et le *politicantisme* n'étaient pas le résultat de l'influence personnelle des Turati ou des Bissolati. Le parti, étant un organe exclusivement politique, devait nécessairement incliner au compromis, aux transactions. Nous comprîmes que le socialisme ne peut conserver son esprit de classe qu'à la condition de se renfermer dans des organisations de classe. Nous ne vîmes plus dans le parti qu'un organe accessoire et subordonné de la lutte de classe, utile pour certaines besognes déterminées, mais incapable d'incarner les aspirations révolutionnaires du prolétariat. Les intérêts du parti ne coïncidant pas avec ceux de la classe, nous comprîmes comment le parti pouvait devenir, à un certain moment, un obstacle au développement de la classe elle-même. Nous vîmes la nécessité de confirmer la lutte de classe, prise dans sa signification la plus générale et la plus révolutionnaire, dans les groupements autonomes de métiers (syndicats) et de laisser au parti socialiste la représentation de certains intérêts électoraux et démocratiques de la classe ouvrière.

C'est ainsi que naquit le syndicalisme italien.

Nous mîmes à profit, largement, les expériences et les enseignements de la *Confédération Générale du Travail*, et, dans les limites du possible et avec les nécessaires tempéraments suggérés par les exigences du milieu, nous tentâmes de transplanter dans notre pays les principes et la tactique du syndicalisme révolutionnaire. La grève générale de 1904 — exemple quasi-unique en Europe (si l'on excepte, naturellement, la Russie) de discipline, de cohésion et de sentiment révolutionnaire dans le prolétariat — montra le degré de diffusion acquis dans notre pays par le syndicalisme.

Je conclurai rapidement.

Nous, syndicalistes, nous nous proclamons volontiers les héritiers du socialisme officiel, non, bien entendu, dans ce sens que nous voulions nous substituer au parti socialiste ou lui enlever sa clientèle électorale (nous savons bien que plus il deviendra un parti démocratique, plus grands seront ses succès politiques), mais dans ce sens que nous en avons conservé l'esprit, la tendance originale et les traditions.

Nous n'avons ni dogmes ni *idéaux* tout prêts à réaliser. L'unique réalité que nous reconnaissions est l'existence de la lutte de classe. Le seul but que nous nous proposions est d'approfondir cette réalité autant que nous pourrons. Les méthodes tactiques dont nous nous servons dans les différents pays sont précisément inspirées par la nécessité d'approfondir la lutte de classe. Du choix et de l'application de ces méthodes, c'est l'expérience locale et l'habileté des conducteurs du prolétariat qui doivent seuls en décider.

Le développement de la lutte de classe porte en germe la constitution autonome de la classe ouvrière, comme classe distincte de toutes les autres. Or, constitution autonome de la classe ouvrière veut dire pour nous une classe ouvrière qui se suffise à elle-même, c'est-à-dire une classe ouvrière qui n'ait pas besoin de chercher hors d'elle la règle de la production et de l'échange et le principe de la conduite sociale. Notre idéal de l'atelier autonome dérive du fait même de la lutte de classe, qui sépare l'ouvrier du reste de la société et fait de lui le maître de son propre destin. Ce n'est donc pas une « cité future » que nous édifions, mais nous nous contentons de prévoir le résultat final d'un mouvement qui s'actualise dès aujourd'hui. Naturellement, peu nous importe de savoir comment cet idéal se réalisera.

Dans le syndicalisme, il n'y a pas place pour les querelles byzantines au sujet de la concentration de la propriété, de l'accroissement de la misère, de la fin des crises catastrophiques ou non. Nous nous bornons à dire que là où il y a fabrique capitaliste, il y a possibilité de syndicalisme et possibilité d'ateliers sans maîtres. Mais nous ajoutons que cet idéal ne pourra être atteint que lorsque la classe ouvrière sera assez forte moralement et intellectuellement pour assumer les fonctions accomplies jusqu'ici par la classe bourgeoise, et assez puissante matériellement pour renverser cette organisation de la force qui protège la fabrique capitaliste et qui s'appelle l'Etat.

Le Parti socialiste, dans la mesure où il participe à la vie des institutions présentes, devient pour ces institutions, un élément de conservation. Il ne peut entrer dans les ministères ou faire partie des majorités parlementaires sans défendre l'Etat. Du reste, l'expérience montre qu'il n'y a pas de pires réactionnaires que les socialistes, dès que ceux-ci arrivent au pouvoir. Que, par cette participation à la vie des institutions actuelles, le socialisme contribue à les démocratiser, et, par suite, à les rendre moins pesantes pour le prolétariat, c'est là le côté avantageux de l'action du parti socialiste, et c'est la raison pour laquelle je reste, malgré tout, dans ce parti, en Italie ; et, tant que ses « principes » resteront théoriquement identiques aux nôtres, nous n'avons aucun motif de nous en retirer. Mais il est indiscutable aussi que plus l'action démocratique du parti socialiste ira se développant, et plus elle entrera en contradiction avec les exigences révolutionnaires du mouvement ouvrier, c'est-à-dire avec ses propres principes théoriques.

Notre œuvre, à nous, c'est, en transfusant ces « principes » au sein des syndicats ouvriers, transformés en organes de l'intégrale lutte de classe, de les faire passer dans la pratique quotidienne et de les sauver de l'inévitable putréfaction à laquelle les condamne le socialisme officiel.

Le syndicalisme, en peu d'années, est devenu un mouvement international, et, par là, il a révélé sa force.

Indiscutablement, le socialisme entre dans une seconde et plus décisive phase. C'est l'essor et le développement de la *Confédération Générale du Travail* qui donnent à cette phase son caractère spécifique et inaugurent la *nouvelle histoire* du mouvement socialiste — n'en déplaise aux vestales du socialisme officiel et politicien ! (1)

(1) Cette conférence a été traduite de l'italien en français, sur le manuscrit de l'auteur, par *Edouard Berth.*

II

Le Syndicalisme et le Socialisme en Allemagne

Par ROBERT MICHELS

Citoyennes et Citoyens,

Si je voulais, en ce moment, prendre une fois de plus mon ami Labriola pour modèle, je m'exprimerais devant vous dans ma langue maternelle, comme il s'est exprimé dans la sienne. Mais je suis convaincu que vous préférerez, malgré tout, mon mauvais français à l'allemand le plus pur, et je vous demande par avance toute votre indulgence.

Hier, les journaux ont annoncé qu'une entrevue internationale réunissait M. Tittoni, ministre du roi d'Italie, et M. de Bülow, chancelier de l'empereur d'Allemagne. Demain, les quelques feuilles qui s'occuperont de notre meeting de ce soir constateront qu'il y a eu une autre réunion internationale, plus humble et plus modeste, tenue à Paris avec les citoyens Labriola (d'Italie), Michels (d'Allemagne), Kritchewsky (de Russie), et Griffuelhes et Lagardelle (de France). Et, entre ces deux manifestations, ce n'est peut-être pas celle qui apparaît la plus grande qui est la plus neuve. Nous ne faisons rien ici de comparable à l'œuvre malfaisante des diplomaties, et nous ne venons pas jeter une eau nouvelle dans le vieux tonneau des Danaïdes. Mais nous cherchons quelles jeunes tendances réveillent la pensée du socialisme international et doivent rendre plus efficace la révolte des prolétaires de tous les pays contre l'exploitation capitaliste.

Et vraiment, il n'y a rien dans cet internationalisme révolutionnaire qui ressemble aux diplomatiques rencontres des bourgeois gentilshommes de nos divers pays, car s'ils se réunissent, au nom de leurs bourgeoisies respectives, c'est ou pour s'allier contre d'autres bourgeoisies, ou pour se tromper mutuellement. C'est le rôle, en effet, de la bourgeoisie d'avoir à faire feu des deux côtés à la fois : d'une part contre les autres bourgeoisies rivales, et d'autre part contre ses ouvriers. La lutte du prolétariat est plus simple. Tous ses coups sont dirigés contre le capitalisme universel, et il dresse son Internationale rouge contre l'Internationale jaune de ses maîtres !

C'est pourquoi je suis heureux de parler ce soir, avec mes camarades des autres pays, devant quelques membres de ce prolétariat français, qui est le vivant exemple de la jeunesse éternelle et dont l'enthousiasme idéaliste et chercheur trace encore la voie au reste du prolétariat international. Et laissez-moi tout de suite vous dire ce qui, pour moi, comme j'ai eu l'occasion de l'écrire ailleurs, est surtout admirable dans la forme nouvelle du socialisme qu'apporte le syndicalisme français. C'est d'avoir, d'une manière claire et pure, trouvé l'expression du but socialiste pour ainsi dire dernier. Voilà le plus grand mérite du courant nouveau. Il se sépare de la conception traditionnelle du socialisme politique en ce qu'il entend faire du mouvement ouvrier non seulement un mouvement pour tout le monde, comme il est actuellement, mais un mouvement purement prolétaire, en d'autres termes, en ce qu'il veut rendre au mouvement pour l'émancipation de la classe prolétarienne son caractère de classe. Mais il se distingue encore bien plus nettement du trade-unionisme des Anglais et de la théorie neutraliste des syndicats allemands, en ce qu'il ne pense pas non plus représenter un mouvement pour tout le monde ouvrier pur et simple. Son importance, c'est l'union grandiose de l'*idée* avec la *classe*. Il s'appuie uniquement sur la classe qui, moyennant les forces dynamiques de son égoïsme de classe, le poids de son nombre et la loi suprême de sa nécessité économique, peut être à même de résoudre le thème qui s'impose au socialisme moderne; mais il conçoit aussi comme son premier devoir d'élever les masses à la conscience de leur mission de classe. Le syndicalisme, enfin, n'est pas seulement prolétaire, il est aussi socialiste révolutionnaire.

Si je suis heureux de saluer la croissance du nouveau socialisme en France, je vois malheureusement peu de symptômes de renaissance pareille dans mon pays, l'Allemagne. Aujourd'hui, être Allemand n'est pas un titre de noblesse. Le fait d'être né en terre germanique ne donne plus le droit de porter la tête haute. Les temps de Gœthe et de Schiller, et ceux des philosophes, ceux de ce Kant surtout qui avait vibré au souffle de votre Révolution démocratique, sont bien passés. Il n'y a plus aujourd'hui chez nous qu'une science vénale et une pensée asservie, qui ne soupçonnent pas ce que c'est que d'être indépendantes et libres. Je n'hésite pas à l'avouer : depuis que la Russie en révolte commence à secouer le joug du despotisme, l'Allemagne est passée à la queue des nations civilisées. Nous ne sommes même pas dominés par la bourgeoisie industrielle et commerciale, la classe-type du système capitaliste, mais par des hordes à demi barbares de hoberaux, expressions survivantes d'un régime pré-capitaliste et féodal : l'Allemagne d'aujourd'hui ressemble encore, *mutatis mutandis*, à la France de l'ancien régime.

Aussi, malgré ses trois millions et demi de suffrages socialistes, l'Allemagne pèse-t-elle sur l'Europe comme une menace perpétuelle de guerre ou de réaction. Nous y vivons dans un régime policier, qui serait insupportable à des hommes épris de liberté. Même les plus pâles de nos réformistes, même ceux qui, ouvertement, préconisent une résignation tolstoïenne en face des coups portés à la classe ouvrière et au socialisme par notre gouvernement, même ceux-là sont maintenus hors la loi et la société officielle ! Et vous savez comment on traite les Polonais dans la Pologne prussienne ; comment l'accès de nos universités est interdit aux professeurs socialistes ; comment nos étudiants ne peuvent, sous peine d'exclusion des écoles, manifester de sympathie pour nos idées ; comment les pratiques religieuses sont imposées dans l'enseignement, etc., etc.

Contre cette Allemagne oppressive nous nous révoltons, nous autres, au nom de l'Allemagne opprimée, de l'Allemagne ouvrière et socialiste. Et nous, à qui la bourgeoisie de notre pays reproche notre antipatriotisme, nous pouvons répondre qu'après tout notre action socialiste est en un sens « patriotique », puisque nous voulons nettoyer notre pays des vestiges du passé.

Mais c'est ici qu'apparaît la difficulté de notre tâche. Nous n'avons pas, comme vous, un *syndicalisme révolutionnaire* qui propage et nourrit les sentiments incompressibles de liberté. Et nous ne l'avons pas, parce que ce qui l'a créé chez vous nous manque : je veux dire la démocratie. Vous pensez bien que je ne m'illusionne pas sur les vertus de la démocratie bourgeoise. Mais pour que le syndicalisme puisse se développer pleinement chez nous, il faut que toutes les libertés politiques soient conquises, afin que le prolétariat, n'étant plus distrait dans sa marche, puisse s'organiser révolutionnairement sur son terrain de classe.

Il est vrai qu'il ne semble guère que nous nous dirigions dans la voie des libertés politiques. Les échecs récents de la social-démocratie ont prouvé son incapacité à agir dans ce sens sur le terrain restreint du parlementarisme. Et il y a là comme une contradiction intérieure. Ce parti, qui est nombreux et fortement organisé, n'ose pas aborder les tactiques révolutionnaires, comme la *grève générale*, précisément parce que la grève générale est une idée essentiellement ouvrière et qu'il a peur d'éloigner de lui les classes populaires qui aspirent à la démocratie. C'est cette crainte qui explique sa timidité, son amour du grand nombre d'électeurs, son aversion pour toute action directe qui rappellerait plus ou moins le syndicalisme révolutionnaire. Et plus encore que cette crainte, ce qui paralyse la social-démocratie, ce qui l'éloigne de tout effort mâle, de tout acte héroïque, c'est, comme je l'ai si souvent répété dans mes articles du *Mouvement socialiste*, cette organisation bureaucratique, hiérarchique et pesante que les prolétaires allemands estiment si haut et que tout socialiste doit apprécier si bas. Certes, cette organisation est forte. Dans un pays où l'initiative ne compte pas, mais où l'on sait à merveille être discipliné, où les grandes masses forment de vastes organisations mécaniques et rigides, où tout est militarisé et bureaucratique, les ouvriers ont suivi la même route et pris la même formation que les autres classes. C'est ce qui explique qu'il n'y ait de comparable à la bureaucratie socialiste ou syndicale que la bureaucratie officielle, comme perfectionnement et complexité. L'Allemagne moderne est un moule à l'empreinte duquel se façonnent toutes ses parties composantes : partout, c'est la même régularité accomplie, le même travail acharné pour l'objet auquel on est attaché, la même fidélité, la même discipline. A la vérité, on comprend comment notre organisation ouvrière soit devenue, d'un moyen qu'elle devait être, un but en elle-même, une machine qu'on perfectionne pour son embellissement et non pour les services qu'elle aurait pu rendre. Toucher à cet organisme centralisé et lourd serait, aux yeux des socialistes et des ouvriers allemands, une action criminelle. Les malheureux ! Ils ne voient pas que sur ce terrain l'organisation de l'État sera toujours plus puissante que la leur, quel que soit le temps qu'ils aient mis à l'édifier et quelque soin qu'ils prennent de la fortifier.

Vous sentez que, dans un tel milieu, il n'y a guère de place pour le syndicalisme, l'action directe, la grève générale. Les préoccupations démocratiques d'une part, et de l'autre l'amour de l'organisation pour l'organisation et la tactique purement parlementaire ne sont pas précisément favorables aux divers modes d'action ouvrière révolutionnaire. Sans compter que le caractère « bien élevé » de nos masses, soucieuses de copier les « bonnes façons » de la bourgeoisie pacifique, ne peut guère produire une psychologie de révolte morale et le sens de l'opposition brutale des classes.

Cependant, et quoiqu'il n'y ait pas encore réellement de mouvement syndicaliste révolutionnaire en Allemagne, la social-démocratie, elle aussi, est traversée par une crise difficile et périlleuse. Quelle voie, se demande-t-elle, faut-il prendre? Ira-t-elle ouvertement vers le réformisme pur et simple? Mais la vie allemande n'est pas mûre pour une conception aussi nette, qui, si elle a naturellement tous les torts du côté socialiste, n'a aucune raison du côté démocratique : une théorie de politique évolutionniste n'a pas de place dans un milieu d'absolutisme césarien. Ira-t-elle audacieusement vers la voie révolutionnaire? Mais la social-démocratie est trop esclave des préjugés de sa « tactique glorieuse ». Sera-t-elle donc toujours ce qu'elle est aujourd'hui : un socialisme verbal et lâche, aux phrases redondantes et à l'action aplatie? un socialisme au jour le jour, terre à terre, sans idée et pratiques cohérentes? Mais s'il en est ainsi, la social-démocratie restera éternellement inférieure à sa tâche historique et ne démocratisera jamais le milieu allemand. Car une œuvre pareille exige d'autres efforts que l'élection de quelques députés plus ou moins socialistes et l'entassement, dans des caisses chaque jour plus gonflées, des gros sous des travailleurs? La tactique actuelle de la social-démocratie, indécise, prudente, légalitaire et parlementaire, ne peut que prolonger le système régnant et arrêter l'essor des forces jeunes.

Voilà la crise. C'est l'impossibilité d'être à la hauteur de son rôle qui accule la social-démocratie dans l'impasse où elle se débat. Et, tels que les termes sont posés, on ne voit pas d'issue prochaine. Mais, me direz-vous, s'il n'y a pas de syndicalisme, en Allemagne, n'y a-t-il pas du moins des syndicalistes? Certes, il y en a. Mais ils comptent peu en face des 1.300.000 ouvriers incorporés aux syndicats réformistes. Que peuvent les 15 à 20.000 « localistes » qui suivent plus ou moins l'exemple de votre *Confédéra-*

tion Générale du Travail, et les quelques jeunes hommes qui, dans la social-démocratie, ont été touchés par les idées nouvelles? Ce ne sont là que des mouvements embryonnaires, à peine perceptibles encore, sans influence efficace sur les masses organisées, et, lorsqu'ils sont dans le parti socialiste, tout au plus tolérés par lui. Et leur action est d'autant plus limitéé qu'en Allemagne, les chefs du mouvement socialiste ou ouvrier, les Bebel et compagnie, jouissent de la confiance illimitée du prolétariat, qui les supporte passivement et leur obéit aveuglément. Certes, je n'entends pas médire d'eux. Un passé comme celui de Bebel ne me le permet pas. Mais, cette réserve faite, je peux bien dire que leur autorité est mauvaise, car elle conduit le socialisme allemand à sa ruine !

Quelle est donc la tâche présente des syndicalistes en Allemagne ? Peut-être l'exemple de nos camarades d'Italie, qui agissent dans le parti socialiste comme dans le milieu le plus propice, se recommande-t-il de préférence à nous. Mais il n'importe. Ce qui s'impose immédiatement à nous, *c'est une œuvre de négation et de destruction des erreurs traditionnelles*. Nous ne devons pas laisser passer une seule occasion de démontrer au prolétariat allemand l'erreur parlementariste et doctrinaire où il est engagé. Il nous faut lui répéter à toute minute que la lutte de classe révolutionnaire, tout en lui assurant les conquêtes pratiques et immédiates plus vite et mieux que les compromissions politiques, lui donnera cet *idéalisme révolutionnaire* qui peut seul le conduire à la victoire. Tel est notre devoir, à nous autres syndicalistes allemands, et c'est en nous inspirant de votre action courageuse, camarades de France, que nous pourrons proclamer assez haut qu'en Allemagne comme partout *le socialisme ne renaîtra que par le syndicalisme !*

III

Le Syndicalisme et le Socialisme en Russie

Par BORIS KRITCHEWSKY

Citoyennes et Citoyens,

Le camarade Labriola vous a dit comment, en Italie, les excès du parlementarisme socialiste ont fait naître un mouvement syndicaliste révolutionnaire. Le camarade Michels a expliqué pourquoi, en Allemagne, il n'y a pas encore de syndicalisme révolutionnaire. A mon tour, j'essaierai de dire pourquoi en Russie, dans un pays à tant de points de vue plus arriéré que l'Italie et l'Allemagne, nous assistons cependant déjà à un mouvement syndicaliste naissant et qui a de grandes chances d'avenir.

Ce n'est pas évidemment des excès du parlementarisme socialiste que le syndicalisme russe est né. Vous savez bien que là-bas il n'y a même pas lieu de se plaindre des excès du parlementarisme simplement bourgeois... Comment se fait-il donc que, dans de telles conditions, le syndicalisme révolutionnaire ait pu prendre naissance?

C'est que, d'abord, le syndicalisme, forme nouvelle du socialisme, est *international* comme la forme ancienne du socialisme. Il n'est donc pas nécessairement lié à telles conditions déterminées d'un pays donné. Comme le socialisme de parti, il peut et doit prendre des aspects divers en rapport avec les conditions du temps et du lieu. Il peut et doit s'adapter aux conditions du milieu, avec cette différence toutefois que, dans l'avenir, le syndicalisme international, arrivé à sa maturité, formera, sans doute, dans les différents pays, une unité de conception et de méthode beaucoup plus grande que celle du socialisme de parti.

Pour naître, le syndicalisme russe n'avait pas besoin d'être précédé d'une période parlementaire du socialisme. On peut dire qu'il remonte, en germe, aux commencements mêmes du mouvement ouvrier en Russie ; qu'il a été, par conséquent, la forme première de notre mouvement révolutionnaire en tant que mouvement *de masse*. Car auparavant notre mouvement révolutionnaire n'était qu'une action de petits cercles de propagandistes ou de conspirateurs. C'est, en effet, la lutte des masses ouvrières qui a donné au mouvement révolutionnaire russe une orientation nouvelle et a du coup changé ses destinées, jusqu'alors incertaines. Voilà pourquoi le syndicalisme russe, qui ne fait que commencer en tant que tendance spécifique du mouvement ouvrier, peut déjà cependant revendiquer un rôle historique.

Depuis les grandes grèves des ouvriers textiles de Pétersbourg, en 1895 et 1896, jusqu'à la grève générale révolutionnaire en octobre 1905, c'est une sorte de syndicalisme spontané qui a formé le plus puissant élément de l'action révolutionnaire en Russie. Et, malgré tout ce qui s'est passé depuis, c'est encore la *grève générale* de 1905 qui reste jusqu'ici la source vive d'énergie de tout ce qui se dresse contre le tsarisme. Si le gouvernement russe n'a pas encore osé, au moment où je parle, éteindre cette petite flamme vacillante qu'est la Douma, nous en sommes encore redevables, en dernier lieu, au déploiement gigantesque de l'énergie prolétarienne en octobre 1905. Et j'ajoute que le rôle révolutionnaire échu à la grève générale en Russie est d'autant plus significatif et promet d'autant plus pour l'avenir que cette forme d'action ouvrière fut depuis toujours, en Russie comme ailleurs, rejetée, bafouée par l'immense majorité des socialistes ancienne manière. Cela prouve bien que la méthode d'action spécifique du syndicalisme révolutionnaire a des racines profondes dans le terrain même du mouvement ouvrier en Russie.

Le rôle du prolétariat dans la révolution russe se confond, en vérité, avec celui de l'action syndicaliste. C'est pourquoi le syndicalisme russe, pour prendre son essor, n'a point besoin d'attendre que le socialisme de parti ait dit son dernier mot.

Du reste, en période révolutionnaire, toutes les revendications, toutes les tendances se mêlent et se heurtent, cherchant à se frayer une voie, à s'imposer. Cela est vrai aussi bien pour les tendances d'action et d'organisation socialistes que pour les revendications politiques et sociales en général. La révolution russe n'est pas et ne saurait être une simple répétition des révolutions politiques antérieures, puisque, sans parler d'autres différences capitales, elle est entourée d'une atmosphère internationale de faits et d'idées beaucoup plus avancée que celle des révolutions passées. Déjà les grandes révolutions de l'Occident ont fait naître des idées et des tendances qui anticipaient — et de beaucoup — l'évolution à venir. C'est une raison de plus pour que la révolution russe, au commencement du xxe siècle, ne s'attarde pas à copier simplement ce qui a été fait dans des stades d'évolution qui l'ont précédée d'un demi-siècle. De même, le prolétariat russe, agissant dans l'atmosphère internationale du socialisme contemporain, ne saurait s'attarder à refaire simplement, pour son action propre, tous les stades antérieurs du mouvement socialiste. Il peut et doit brûler les étapes. Le syndicalisme révolutionnaire de France et d'Italie est là pour l'y aider, pour lui montrer le chemin qu'il a, d'ailleurs, déjà commencé à parcourir spontanément, par une poussée instinctive de sa volonté collective.

Il faut ajouter que le prolétariat a déjà réussi quelque peu à imposer sa volonté propre aux partis socialistes de Russie. Et c'est un hommage à rendre au parti social-démocrate de Russie : il n'a pas trop régimbé contre la poussée de la volonté prolétarienne, il a, dans les dernières années, fini par se plier aux enseignements qui lui sont venus d'*en bas*. Mais ce n'est pas évidemment l'idéal, ce conflit continuel entre l'impulsion d'*en bas* et la direction d'*en haut*. Il faut qu'impulsion et direction se confondent, deviennent identiques.

Or, cette identification ne saurait se réaliser que dans et par le syndicalisme révolutionnaire.

Certes, aucun parti socialiste ne cherche à se séparer du prolétariat. Au contraire. Mais, malgré tout, l'organisation de parti reste nécessairement, par définition, une organisation seulement *représentative* de telle ou telle classe, une organisation par intermédiaire, par délégation. Et puis, elle est aussi une organisation socialement plus ou moins *mélangée*. De là, à la longue, des conflits inévitables entre le parti et la classe par lui *représentée*. Le syndicalisme révolutionnaire est, par contre, l'*organisation directe du prolétariat, et du prolétariat seul*. Il n'est autre chose que l'organisation autonome de la classe ouvrière elle-même, arrivée à sa maturité.

J'ai indiqué, en commençant, la nécessité et la possibilité pour le syndicalisme révolutionnaire de s'adapter aux conditions du milieu national. Pour le syndicalisme russe, cela veut dire, d'abord et surtout, qu'il devra, comme par le passé, lutter pour les libertés démocratiques, et avec d'autant plus d'énergie que cette forme nouvelle du socialisme a besoin d'une *liberté politique plus large* que les formes antérieures du socialisme. Et d'ailleurs, est-ce que le syndicalisme français ne combat pas pour des réformes et cela aussi au moyen de la pression exercée sur les pouvoirs publics ? Le syndicalisme russe ne se différenciera donc pas trop de son aîné en menant le bon combat pour les libertés démocratiques. La lutte pour la liberté est, en Russie, l'équivalent de l'action du syndicalisme français en faveur des réformes. Mais, bien entendu, cette lutte, le syndicalisme russe la fera avec des moyens à lui, dans des formes qui lui sont propres.

Pour conclure, j'indique encore une raison qui fait concevoir de grandes espérances pour l'avenir du syndicalisme en Russie. Le syndicalisme révolutionnaire n'est point ce qu'on en pense dans le grand public. Il n'est point une lutte purement matérielle pour des fins matérielles. C'est, au contraire, un mouvement imprégné d'idéalisme, s'inspirant dans la lutte quotidienne de son but final, de son idéal. C'est une forme d'action qui exige et crée un dévouement enthousiaste pour la grande cause commune.

Eh bien, citoyennes et citoyens, le prolétariat russe,

le prolétariat de tous les peuples de Russie a déjà démontré au monde entier, par des actes d'un héroïsme éclatant, qu'il possède des sources neuves et inépuisables d'enthousiasme idéaliste, condition nécessaire de l'épanouissement du syndicalisme révolutionnaire !

IV

Le Syndicalisme et le Socialisme en France

Par HUBERT LAGARDELLE

Citoyennes et Citoyens,

Dans quelques mois se réunira, à Stuttgart, en Allemagne, le septième congrès socialiste international. Ce n'est pas être grand prophète que de prédire le peu de rapport qu'il y aura entre ses résolutions et les idées émises ici ce soir. Pas plus que moi, vous n'ignorez que le socialisme officiel tourne toujours dans le même cercle de formules et reste fermé à toute idée neuve.

Et pourtant, il serait faux de conclure que la pensée socialiste est morte et qu'on n'aperçoit aucun symptômè de renouvellement. La réunion de ce soir et les discours que nous venons d'entendre témoignent du contraire. Il se produit à cette heure, dans tous les pays, un sourd travail de révision des idées traditionnelles, et, sous des formes variées et avec un rythme différent, des tendances nouvelles se font jour partout où s'accuse la décomposition des conceptions anciennes.

C'est de France que le mouvement est parti. Labriola, Michels, Kritchewsky viennent tous de nous rappeler l'influence dominante de la pratique ouvrière française sur ces courants de pensée syndicaliste qui traversent leurs pays respectifs. Et c'est précisément parce que les uns et les autres, tout en affirmant la valeur internationale du syndicalisme, ont mis en relief l'importance de ses formes françaises, que je voudrais en retracer brièvement la genèse.

I

Le syndicalisme français est né de la réaction du prolétariat contre la démocratie. Je ne veux pas dire par là que la classe ouvrière rêve le retour aux régimes politiques antérieurs ni qu'elle méconnaisse la supériorité relative du régime actuel. J'entends indiquer simplement que ce qu'elle combat dans la démocratie, c'est la *forme populaire* de la domination bourgeoise.

Ah ! sans doute, il y a là, en apparence, une attitude paradoxale. Comment la classe ouvrière peut-elle s'insurger contre le gouvernement idéal du peuple par le peuple ? La démocratie n'a-t-elle pas toujours été la fin suprême des aspirations populaires ? Certes, j'avoue que cette désaffection des travailleurs français pour l'État devenu républicain, me paraît le fait culminant de l'histoire de ces derniers temps.

Où donc en trouver la cause ? Il faut la chercher dans l'expérience démocratique elle-même. Les ouvriers de France ont vu le pouvoir populaire à l'œuvre, et ils ont constaté que ni le changement de personnel gouvernemental ni la tranformation des institutions politiques n'avaient modifié l'essence de l'État. La forme s'est renouvelée, mais le fond a persisté, et la machinerie étatique demeure toujours la même puissance de coercition au service des détenteurs de l'autorité politique. Et c'est précisément la déception que les travailleurs français ont éprouvée, en constatant l'identité de l'État sous la diversité de ses formes, qui leur a dévoilé la vraie nature du pouvoir. Dès ce moment, ils ont résolu, non plus de changer le gouvernement, mais de le supprimer. Voilà pourquoi, tandis que les producteurs de la plupart des autres pays accusent de leurs maux le mécanisme insuffisamment populaire de l'État, tandis qu'ils attendent encore leur salut de la venue d'hommes politiques favorables, les prolétaires de France, qui ont épuisé tous les modes du pouvoir, se révoltent contre le dernier et non le moins trompeur de ses aspects.

C'est en considérant cette avance historique, que la démocratie leur donne sur les travailleurs de presque tous les autres pays, qu'il faut juger les sentiments politiques des militants ouvriers français. Ah ! je ne m'explique que trop les difficultés que les prolétaires des nations à régime impérialiste ou monarchique éprouvent à comprendre le côté extra-démocratique de l'action syndicaliste. Tant que les masses ouvrières n'ont pas obtenu l'égalité polique, le suffrage universel, le régime parlementaire, elles luttent sans trêve ni merci pour la conquête du gouvernement populaire, et ce n'est que du moment où elles le possèdent que, pouvant en mesurer la valeur, elles s'en détachent. Du moins, en France, c'est seulement du jour où la démocratie a été atteinte qu'on a songé à la dépasser. Bien entendu, je ne prétends pas dire — loin de moi cette pensée ! — qu'il y ait là une loi qui commande le développement politique de la classe ouvrière. Je me borne à constater qu'à la différence de presque toutes les autres nations occidentales — sauf l'Italie, et pour les mêmes raisons — ce qui a permis, chez nous, au prolétariat de rompre avec la démocratie, c'est l'épreuve même de la démocratie.

Mais quels sont les faits qui ont plus particulièrement provoqué ce divorce? C'est en même temps la « parlementarisation » des partis socialistes et l'avènement au pouvoir des partis démocratiques.

La stupéfaction fut grande, dans les milieux socialistes, au mois de juin 1899, lorsqu'on apprit tout à coup qu'un député du parti venait d'entrer dans le ministère Waldeck-Rousseau. C'était le renversement subit de toutes les conceptions anciennes. Sans doute, la prise de possession du pouvoir central était le point fondamental du programme socialiste, mais c'était une main-mise globale et collective qu'on avait eu toujours en vue. Or, voici que la conquête s'opérait, en dehors des règles prévues, par voie fragmentaire et individuelle. On s'apercevait soudain, avec effroi, que la lutte de classe se transformait en collaboration des classes, l'opposition socialiste en solidarité ministérielle, l'état de guerre en état de paix. Ce fut un tel désarroi des consciences qu'on se serait cru au crépuscule du socialisme.

Ce n'était que l'émoi d'une première surprise. L'imprévu de l'événement s'est atténué par sa répétition. Après Millerand, Briand; après Briand, Viviani; après Viviani... d'autres viendront. Et ce qui, en 1899, semblait une anomalie, est devenu aujourd'hui un phénomène normal de la vie parlementaire. Il paraît logique que, dans un régime pleinement démocratique, tous les partis aient accès au pouvoir, et que, suivant le jeu changeant des majorités, leurs chefs se succèdent au gouvernement.

Lorsque les militants s'aperçurent que la pénétration des socialistes dans l'État ne changeait rien à leur sort; que les rapports des classes restaient identiques; que les organes de coercition, l'armée, la police, la justice, l'administration, etc., fonctionnaient comme par le passé ; qu'au contraire, le pouvoir nouveau n'avait pour but que de corrompre et asservir les organisations ouvrières ; que sa politique industrielle n'était qu'une politique de paix sociale ; lorsque tout cela fut clair pour la conscience ouvrière, il y eut dans le prolétariat comme une brusque commotion, qui se traduisit par une double réaction contre le socialisme parlementaire et l'État démocratique.

Tout d'abord, en y regardant de plus près, les militants ouvriers s'avisèrent que, comme je viens de le dire, la participation ministérielle n'était au fond que la conséquence naturelle du socialisme parlementaire. Elle leur parut, non plus un accident fortuit, mais bien le terme ultime de la conquête des pouvoirs publics, telle que les partis socialistes l'avaient pratiquée jusque là. Et quelles convictions auraient pu résister à l'éloquente démonstration des faits ?

L'évolution était trop claire pour en douter. Ah ! certes, au début, les diverses fractions s'étaient constituées sur des bases ouvrières et révolutionnaires. Parti ouvrier, parti de classe, le parti socialiste n'avait entendu recruter, à ses origines, que des prolétaires, puisque les prolétaires forment la seule classe en opposition irréductible d'intérêts avec l'ordre capitaliste. Parti de révolution, il avait déclaré n'utiliser l'action électorale que pour la propagande et il avait renié l'usage régulier de l'action parlementaire.

Mais ce n'étaient là que des rêves de jeunesse qu'avait dissipés l'âge mûr. De parti *ouvrier*, il était devenu vite parti *populaire*, englobant toutes les classes exploitées, quelle que fut leur place dans l'ensemble de la production : petits bourgeois, petits propriétaires, commerçants, intellectuels, fonctionnaires, etc. Sans tenir compte de leurs conceptions économiques et de leurs aspirations sociales, il avait appelé indistinctement à lui tous les mécontents susceptibles d'apporter leurs votes et d'assurer son triomphe. De parti *révolutionnaire*, il s'était naturellement transformé, et par la même voie, en parti *parlementaire*. Son premier grand triomphe législatif, en 1893, avait été aussi sa première grande défaite révolutionnaire. Désormais, emporté par la vitesse acquise, il avait perdu de plus en plus toute vertu propre et n'avait constitué, à la Chambre, qu'un parti démocratique de plus, pareil à tous les autres.

Ce n'étaient pas seulement, en effet, les hommes nouveaux, les Jaurès et les Millerand, les arrivés d'hier du radicalisme, c'étaient aussi des militants anciens, comme Guesde, le théoricien de la lutte de classe, qui avaient affirmé, du haut de la tribune, leur foi légalitaire, et apporté leur concours aux ministères de gauche. Il ne faut pas oublier que, dès 1895, le gouvernement de M. Léon Bourgeois avait obtenu le plus systématique appui de Guesde et de ses amis. Et qui ne se souvient encore de ce vote fameux par où ils s'opposèrent à l'abrogation des lois scélérates pour sauver le ministère ? Plus tard, le ministère Combes devait pousser plus loin la concentration et grouper autour de lui l'unanimité des réformistes et des révolutionnaires du socialisme. Depuis, toutes les fois que la situation politique l'a exigé, le bloc démocratique des partis de gauche s'est plus ou moins apparemment reconstitué. Et si, au moment où je parle, il n'en est pas ainsi, cela tient moins aux socialistes parlementaires qu'à M. Clémenceau.

Ce sont là des faits dont le prolétariat militant ne pouvait pas ne pas tirer des conclusions pratiques.

Comment n'aurait-il pas vu que les partis socialistes, en suivant leur marche régulière, s'étaient progressivement incorporés à l'État et avaient tourné le dos à toute activité révolutionnaire ? Si les faits que je viens de rapporter n'avaient pas suffi, d'autres d'ailleurs étaient là, plus probants encore. La politique de paix sociale, inaugurée par Millerand, loin de lui être personnelle, n'était que la mise en œuvre de la politique traditionnelle du parti socialiste. C'est là une considération qu'on néglige trop souvent. Les conseils du travail, le conseil supérieur du travail, toute cette législation qui a pour but de rapprocher patrons et ouvriers dans des délibérations communes, mais qui donc, plus que Guesde et ses amis, s'en étaient faits, avant Millerand, les protagonistes ? Il n'y a pas jusqu'à ce projet de loi sur l'arbitrage obligatoire, qui a fait couler tant d'encre, dont l'idée, sinon la forme, n'ait été primitivement conçue par Guesde lui-même ? Ces errements sont explicables, sans doute, et je ne récrimine pas contre les personnes. En l'absence d'une politique propre, le parti socialiste devait fatalement imiter celle des partis voisins. Mais il n'en est pas moins vrai que par là devenait éclatante, aux yeux des ouvriers conscients, la double infirmité du socialisme parlementaire qui, non content d'emprunter à la démocratie son mécanisme étatique, copiait encore son programme d'action.

On comprend que cette identification pratique de la démocratie et du parti socialiste ait été la raison dominante du discrédit du socialisme parlementaire dans les milieux ouvriers. Vraiment, les militants du prolétariat auraient pu conserver leur confiance à un parti politique qui n'était qu'un rouage de cet État démocratique désormais sans prestige à leurs yeux? Car, s'il est un résultat inappréciable autant qu'inattendu du ministère Waldeck-Rousseau, c'est bien cette haine de l'État qu'il a fait naître au cœur des masses organisées. Qui aurait cru que ces ouvriers, qui de tout temps s'étaient instinctivement tournés, implorants et crédules, vers cet être mystique et providentiel qui s'appelle l'État, lui déclareraient un jour la guerre? Il a suffi des fusillades de Chalon et de La Martinique, des conseils du travail, du projet de loi sur les grèves, de quelques « soirées ouvrières » au ministère du commerce, de quelques bureaux de tabac donnés à de pauvres diables de traîtres, de quelques tentatives de corruption de secrétaires de syndicats, pour que s'opérât le miracle.

Et c'est ainsi, citoyennes et citoyens, que, délivrée de toute superstition étatique, la partie consciente de la classe ouvrière n'a plus attendu sa libération de l'intervention magique du pouvoir et a refusé de lier son sort aux destinées des partis politiques. Je sais bien qu'on peut justement rappeler que la critique de l'État et du parlementarisme avait été poussée fort loin par les anarchistes et que ceux-ci avaient en un sens prévu tout ce qui allait se passer. Je reconnais volontiers la clairvoyance de la critique anarchiste, mais elle aurait éte impuissante, à elle seule, à transformer si profondément la conscience ouvrière. La négation abstraite de l'État, l'exaltation de l'idéologie pure, l'appel à la révolte individuelle, le dogmatisme anti-parlementaire, tout cela n'était pas fait, à la vérité, pour influencer les masses. Or, c'est d'un mouvement de masses qu'il s'agit, d'une action collective intuitivement sentie, d'une orientation pratique spontanée, que l'expérience seule pouvait déterminer.

En effet, en même temps qu'il subissait l'épreuve négative de la démocratie, le prolétariat faisait l'épreuve positive de son action de classe, et ce sont ces deux expérimentations simultanées et contraires qui ont fait son éducation syndicaliste. Ce furent des agitations improvisées, comme celle qui eut lieu pour la suppression des bureaux de placement payants, qui révélèrent à la classe ouvrière toute la valeur de son effort personnel. Survenus à un autre moment, ne coïncidant pas avec son détachement de la démocratie et du socialisme parlementaire, ces incidents n'auraient peut-être pas pris cette signification générale. Mais se produisant à l'instant même où les masses cessaient d'espérer en la bienveillance de l'État et en l'intervention des partis, ils revêtirent une valeur symbolique et devinrent l'illustration typique de tout mouvement extra-légal.

Pour reprendre l'exemple que je viens de citer, que s'était-il donc passé lors de l'agitation contre les bureaux de placement? Las d'attendre du pouvoir législatif une interdiction toujours promise et jamais réalisée, les syndicats intéressés, ceux surtout des coiffeurs et des ouvriers de l'alimentation, s'étaient livrés à des manifestations violentes et répétées, qui avaient surpris et intimidé le gouvernement. Effrayé, le ministère Combes avait au plus vite déposé un projet de loi que, sans perdre haleine, votèrent, en trois jours, la Chambre et le Sénat. Ce que vingt années de discussions parlementaires n'avaient pu faire, une agitation de quelques moments l'avait obtenu.

Faut-il rappeler à quel degré la leçon de ce simple fait et d'autres semblables a été efficace? De plus en plus résolue à devenir le seul artisan de son destin, la classe ouvrière a, dans ces dernières années, définitivement pris en mains sa propre cause et exercé directement son action sur l'Etat et le patronat. Ah! je sais bien que la pression sur l'Etat, qui détermine toujours plus ou moins une intervention législative, présuppose encore, dans une certaine mesure, la croyance en l'opportunité de la loi, et semble en contradiction avec la pure *action directe*, qui supprime tout intermédiaire entre le patronat et le prolétariat. Cela est vrai, sans doute, mais c'est aussi conforme à la nature complexe des choses. L'action directe n'est pas un dogme : elle signifie simplement la volonté de la classe ouvrière de régler personnellement ses propres affaires, au lieu de s'en remettre, par délégation et mandat, à des tiers chargés d'intervenir à sa place. Et que ce soit contre l'Etat, représentant du patronat, ou contre le patronat lui-même, peu importe, pourvu que le prolétariat agisse lui-même, s'éduque et se transforme.

D'ailleurs, il me suffira d'évoquer le souvenir des grands mouvements grévistes récents, de ces formidables levées en masse, de ces agitations tumultuaires qui ont eu lieu un peu partout en France, pour marquer en quel sens le prolétariat entend surtout user de son action directe. Et cette mobilisation générale du 1er mai 1906, qui a si fortement épouvanté le pouvoir et la classe bourgeoise, qu'a-t-elle été sinon la manifestation la plus démonstrative du désir qu'ont désormais les producteurs de conquérir eux-mêmes, en l'arrachant de haute lutte à leurs patrons, la journée de huit heures?

Ainsi donc, voilà comment, en France, se sont trouvés aux prises deux principes d'action contraires: l'*action indirecte*, qui est le principe de la démocratie et de son succédané le socialisme parlementaire, et qui substitue le représentant au représenté; et l'*action directe*, qui est le principe du syndicalisme, et qui, éliminant l'intermédiaire, ne conserve que l'intéressé.

Il s'en est suivi, dans les idées socialistes, une révolution dont il me reste maintenant à retracer en quelques mots les termes.

II

La notion de la lutte de classe, qui est le commencement et la fin du socialisme, s'est d'abord précisée. La classe est apparue comme radicalement différente du parti. Création du milieu économique, elle ne saurait, selon l'erreur des conceptions traditionnelles, se transporter de ses cadres naturels dans les cadres artificiels du groupement politique. Les syndicats, les bourses du travail, les fédérations de syndicats, etc., sont les organes propres du prolétariat, parce qu'ils ne groupent que des ouvriers, et qu'ils ne les groupent qu'en tant qu'ouvriers. Les hommes qui constituent, pour ainsi dire, la matière de la classe, ne se détachent pas ici du sol qui les porte, mais ils y adhèrent, au contraire, plus fortement que jamais. Par opposition, voyez comment se forment les partis : ce sont des organes extérieurs aux classes, composés d'éléments appartenant aux catégories sociales les plus disparates : ouvriers, bourgeois, propriétaires, commerçants, etc. Nul lien économique commun ne maintient leur cohésion, qui ne repose que sur la base fragile d'une idéologie sans support matériel.

Les socialistes avaient donc fait un contresens en assimilant la lutte de classe à la lutte de parti et en identifiant l'action politique du prolétariat à l'action électorale et parlementaire. L'illusion avait pu durer tant que les producteurs n'avaient pas pris conscience d'eux-mêmes. Mais du jour où ils s'étaient aperçus que le parti socialiste était aussi étranger au monde du travail que l'Etat à la société, qu'il constituait un mécanisme extérieur à la réalité sociale, qu'il formait une superstructure artificielle sans rapport avec le fond économique, dès ce jour la lutte politique de la classe ouvrière devait prendre son véritable sens d'une *lutte d'ensemble* menée par les organes propres du prolétariat.

Par suite, le mouvement syndical passait du second plan, où on l'avait exilé, au premier plan de la *politique ouvrière*, et le parti socialiste descendait à la place naturelle qui convient à son rôle démocratique. Je ne veux pas insister ici sur ce que pourrait être ce « rôle démocratique », mais ce n'est pas, en tout cas, celui qu'il a joué jusqu'ici. Une inféodation plus ou moins formelle aux gouvernements radicaux, une imitation plus ou moins consciente de la politique sociale des « partis avancés », une glorification sans réserves du procédé électoral et du mécanisme étatique, voilà évidemment qui est exactement le contraire du socialisme. Mais la démocratie a deux aspects : si, sous son côté positif, dans sa pratique solidariste et dans son organisation politique, elle s'oppose à nous, nous l'utilisons au point de vue négatif. Elle est, ou plutôt elle peut être, le régime de la critique en permanence : elle permet, plus que les régimes antérieurs, l'opposition au pouvoir et la défense des libertés individuelles. C'est sur ce terrain que je qualifierai de démocratie révolutionnaire, puisqu'il s'agit de se servir de la démocratie contre elle-même, que trouverait à s'exercer utilement, à mon sens, le parti socialiste.

Mais cela est en dehors de la lutte de classe et de la transformation sociale. Cette œuvre ne relève que des institutions ouvrières. On ne saurait trop insister sur ce fait que chaque classe se crée ses propres organes d'émancipation, par lesquels elle oppose aux institutions traditionnelles ses créations positives. Les syndicats sont à la classe ouvrière ce que les communes furent à la bourgeoisie. Ils servent d'abri aux producteurs, non seulement pour la défense de leurs intérêts, mais surtout pour l'élaboration du droit nouveau qu'ils imposeront au monde.

Qu'est-ce à dire : un droit nouveau ? C'est le droit du travail à s'organiser librement. Si, dans la société moderne, la liberté est serve, c'est que le travail est esclave. L'acte de la production, qui est la plus haute manifestation de la personne humaine, puisqu'il affirme sa puissance créatrice, est détourné de sa destination naturelle, qui est la libération de l'individu, pour servir d'armature à toutes les servitudes et à tous les parasistimes. Et ce n'est que dans la mesure où le travail s'affranchira, que la liberté se répandra dans le corps social.

Ce principe nouveau du *travail libre dans la société libre*, où prend-il corps, si ce n'est dans le groupement syndical? Je ne crois pas à l'efficacité de la prédication abstraite des conceptions socialistes et je ne peux pas concevoir que des idées se répandent dans le milieu ouvrier si elles ne sont pas la création de ce milieu lui-même. Un parti politique peut bien essayer de vulgariser telles ou telles notions qu'il adopte, mais ces notions n'ont de portée que si elles sont un produit de la vie concrète des masses. En vérité, cet idéal de la *libération du producteur par l'organisation de la production* n'aurait pas pu devenir comme la quintessence du socialisme ouvrier, s'il ne résultait pas de la *pratique révolutionnaire* des organisations prolétariennes.

C'est cette mise en œuvre d'une pratique révolutionnaire qui caractérise les institutions ouvrières, par opposition aux institutions capitalistes. Elles constituent une organisation positive de la liberté et une négation concrète de l'autorité dans l'atelier, dans l'Etat, dans la société.

Dans l'atelier, les syndicats tendent à réduire de plus en plus le pouvoir patronal, et à organiser eux-mêmes le travail. Tout le mouvement syndical n'a pas d'autre but que de substituer à la discipline imposée par le capitaliste, la discipline volontaire des producteurs, et toute la révolution sociale est contenue dans cette transformation intérieure de l'atelier.

Dans l'Etat, qui donc tient en échec l'arbitraire du pouvoir, la force de l'armée, le principe même du gouvernement, si ce n'est le mouvement ouvrier organisé ? Il est la seule puissance avec laquelle ait sérieusement à compter l'impérialisme étatique ; l'unique agent de désorganisation réelle de l'absolutisme politicien ; l'obstacle principal à l'envahissement étouffant du mécanisme administratif.

Dans la société, où tous les groupements ont la tendance invincible à reproduire les formations autoritaires de l'atelier et de l'Etat, les syndicats révolutionnaires donnent l'exemple vivant d'une organisation fondée sur la liberté. L'extrême souplesse de la Confédération générale du travail, son fédéralisme, l'absence de pouvoir coercitif sont la meilleure preuve qu'on peut concilier l'esprit d'ordre et l'esprit d'indépendance. Le syndiqué libre dans le syndicat, le syndicat libre dans la fédération, la fédération libre dans la Confédération, voilà une leçon de choses dont l'efficacité ne peut pas être perdue.

Et voilà comment le syndicalisme se donne tout à la fois comme l'incarnation réelle de la lutte de classe et la préparation pratique d'un régime de liberté. Le socialisme se fait ainsi un peu tous les jours, en attendant qu'il puisse se réaliser totalement. Il n'est plus envisagé comme une réalisation à la fois lointaine et instantanée, mais bien comme une création quotidienne, dont on peut suivre la marche lente et progressive. Il ne sera pas l'œuvre de l'intervention miraculeuse d'un *deus ex machina*, mais de l'effort patient des masses. La liberté ne descendra pas tout à coup du ciel, comme la Minerve armée sortit du cerveau de Jupiter. Sa conquête ne sera que l'universalisation de mille libertés conquises et l'acte de décès de mille autorités défuntes.

Par là, vous le voyez, se résout l'opposition de l'action pratique et de l'action révolutionnaire, qui a été pour les partis socialistes le problème de la quadrature du cercle. L'action quotidienne, humble, patiente et difficile, était restée jusqu'ici frappée de discrédit : le socialisme traditionnel la considérait comme stérile, du moment qu'elle s'exerçait dans l'ambiance bourgeoise et qu'elle ne brisait pas du coup les cadres de la société présente. L'action révolutionnaire, par contre, était reléguée dans la splendeur de la catastrophe finale où doit sombrer le système capitaliste. Entre les deux il n'existait pas de compromis : ou l'une ou l'autre.

Il en est résulté une dissociation de plus en plus grande de la pratique et de la théorie. Les esprits soucieux de réalité, las d'attendre une révolution toujours fuyante, se sont détournés d'un socialisme purement abstrait et se sont consacrés à des tâches positives. Mais, sans guide et sans principe, ils ont été absorbés par le milieu capitaliste et ils ont perdu tout sens socialiste. Quant aux autres, aux défenseurs du dogme, ils ont eu beau affirmer désespérément la valeur révolutionnaire de leurs formules, ils ont été impuissants à rendre la vie aux idées mortes, et, comme je l'ai rappelé plus haut, leur pratique désorientée est venue se confondre avec l'activité des réformistes. De sorte que, conduits au pur démocratisme par leur fraction réformiste et à l'abstraction dogmatique par leur fraction révolutionnaire, les partis socialistes se sont trouvés acculés à une impasse dont ils ne sortiront pas, du moins en suivant les errements traditionnels.

Pour le syndicalisme, la pratique et la théorie se confondent, et c'est l'action — et non plus la phrase — qui est révolutionnaire. Il s'agit ici d'une conduite immédiate et non d'une attente paresseuse. Les hommes se classent selon les actes et non selon les étiquettes. L'esprit révolutionnaire descend du ciel sur la terre, il se fait chair, se manifeste par des institutions, s'identifie avec la vie. L'acte quotidien prend seul une valeur révolutionnaire, et la transformation sociale, si elle vient un jour, ne sera que la généralisation de cet acte.

C'est pourquoi l'idée de la grève générale s'est si naturellement substituée, dans l'esprit des masses ouvrières, à l'idée de la révolution politique. La conception d'une amplification subite de cet acte journalier qu'est la grève rentre normalement dans la psychologie ouvrière. Pour le producteur, c'est là que quelque chose de sensible, de réel, qui non seulement ne sort pas du cadre familier de sa vie, mais qui encore est toute sa vie. Nul besoin de grandes spéculations théoriques pour qu'il sache l'effet d'une suspension de travail généralisée tout à coup Il n'a, par une opération spontanée de l'esprit, qu'à multiplier les conséquences des incidents particuliers de la lutte de tous les jours, pour comprendre qu'à un moment, sans aucune intervention étrangère, par la seule puissance de l'effort concerté, la guerre sociale peut atteindre son maximum d'acuité et le dénouement se produire.

De cela, d'ailleurs, les circonstances seront juges. Il n'y a ni date ni plan à assigner à la révolte ouvrière. Peu importe que ce heurt final, dont on entrevoit plus ou moins la possibilité dans le lointain, s'effectue tôt ou tard. L'action révolutionnaire de chaque jour ne s'en produira pas moins. L'essentiel, c'est que le passage de la société capitaliste à la société socialiste soit conçu par les masses ouvrières comme un acte réalisable, qui n'est que le prolongement et le couronnement à la fois d'une longue série d'engagements. Tout le problème se résoud alors en une question de capacité de la classe ouvrière, que les événements permettront seuls d'apprécier. Quel contraste avec l'idée de la révolution politique ! Ici, tout se ramène à la conquête de l'État par un personnel gouvernemental nouveau ; tout se passe en dehors du travail, de l'atelier, du groupement ouvrier ; et le prolétariat n'est qu'un figurant du drame que d'autres jouent pour lui.

Et vous comprenez maintenant pourquoi le syndicalisme se prétend dégagé de toute utopie et se rit de la manie prophétique des partis socialistes d'annoncer, chaque veille pour chaque lendemain, la révolution sociale. Il laisse à l'optimisme enfantin des conquérants de l'État le soin d'élaborer des plans détaillés, des descriptions minutieuses, et de formuler, pour reprendre un mot connu, les recettes de cuisine pour les marmites de la société future. Pour le syndicalisme, la préoccupation du présent et le souci de l'avenir se confondent et c'est la même action pratique qui les engendre simultanément. Il lui suffit donc d'allier l'esprit de lutte et l'esprit positif pour pouvoir tranquillement remettre ses destinées aux soins de l'histoire.

Aussi bien, vous pouvez vous en rendre compte, il n'y a rien dans le syndicalisme qui rappelle le dogmatisme du socialisme orthodoxe. Celui-ci a résumé sa sagesse dans quelques formules abstraites, immuables et définitives, qu'il entend, de gré ou de force, imposer à la vie. C'est pourquoi il méprise si fort la pratique révolutionnaire ouvrière, qui a l'impudence de se moquer des savantes leçons de ses pédantissimes docteurs. Pour le syndicalisme, tout réside, au contraire, dans les créations spontanées et toujours neuves de la vie, dans le renouvellement perpétuel des idées, qui ne peuvent pas se figer en dogmes, du moment qu'elles ne sont pas détachées de leur tige. Nous ne sommes plus en présence d'un corps d'intellectuels, d'un clergé socialiste, chargé de penser pour la classe ouvrière ; mais c'est la classe ouvrière elle-même, qui, au travers de son expérience, découvre incessamment des horizons nouveaux, des perspectives imprévues, des méthodes insoupçonnées, en un mot des sources nouvelles de rajeunissement.

III

J'avoue d'ailleurs que, même si les rêves d'avenir du socialisme syndicaliste ne se réalisent jamais — et nul de nous n'a le secret de l'histoire — il me suffirait, pour lui donner toute mon adhésion, de constater qu'il est, au moment où je parle, l'agent essentiel de la civilisation dans le monde.

C'est lui qui porte le progrès économique, en jetant le capitalisme dans les voies du plus haut perfectionnement possible. Plus les exigences de la classe ouvrière sont pressantes, plus ses injonctions deviennent hardies, et plus le développement technique s'accélère et s'intensifie. Les conquêtes du prolétariat ne supportent pas une industrie routinière, attardée aux vieilles méthodes, sans initiative ni audace. Mais elles sont l'aiguillon qui stimule, qui empêche l'arrêt, qui pousse toujours en avant. Heureux le capitalisme qui trouve devant lui un prolétariat combatif et exigeant ! Il ne connaîtra jamais le sommeil, la stagnation ni le marasme. Car de lui on peut dire qu'il entendra toujours, comme dans la prosopopée classique, une voix qui lui crie : Marche ! Marche !

Or s'il est vrai que le progrès matériel du monde soit lié à la plus intensive production, le rôle du prolétariat révolutionnaire prend encore une plus haute signification. Il est dès lors prouvé que ce n'est point seulement ses propres intérêts que lèse une classe ouvrière craintive, n'attendant rien que du bon vouloir de ses maîtres ou de l'intervention tutélaire de l'État, mais aussi les intérêts généraux de la société. Non, ce n'est pas l'atmosphère débilitante de la paix sociale, mais l'air salubre de la lutte des classes, qui peut surexciter l'ardeur des maîtres de la production. Et il n'est pas un socialiste qui puisse y contredire, si vraiment, comme le veut le socialisme, le capitalisme ne peut être emporté que par un débordement des forces productives.

Mais le mouvement syndicaliste est plus encore un agent de progrès moral que de progrès économique. Dans un monde où le goût de la liberté est perdu, dans un temps qui n'a plus le sentiment de la dignité, il fait appel aux forces vives de la personne humaine et donne un exemple permanent de courage et d'énergie. C'est en ce sens qu'il fait l'éducation de la société. Il est comme un foyer ardent dont la chaleur rayonne dans l'ensemble du corps social. Quel prodige que celui d'avoir restauré le principe de l'initiative collective, du groupement social, par opposition aux déprimantes pratiques de l'intervention étatique ! Songez que même les hommes les plus façonnés pour l'autorité, pour la servitude, les fonctionnaires, tous ceux qui dépendent de l'administration et de la politique, ont esquissé le geste de la révolte et affirmé la souveraineté du travail libre ! Vraiment, au souffle de l'action prolétarienne, il y a quelque chose de changé, et là où l'on ne trouvait hier que des êtres asservis commencent à se lever des hommes.

Tout le socialisme est là. Qu'importent les vaines prophéties, si les idées socialistes agissent et vivent sous nos yeux, si par elles un peu plus de révolte germe au cœur des masses, si la liberté se réveille, si la personnalité humaine s'affranchit !

V

Les Caractères du Syndicalisme français

Par VICTOR GRIFFUELHES

Citoyennes et Citoyens,

C'est un fait incontestable que le syndicalisme français est devenu une puissance que tout le monde reconnaît. Une réunion comme celle de ce soir en est une preuve de plus. Notre ami Labriola nous a dit combien le syndicalisme italien s'inspire de nos méthodes et de nos idées, et notre ami Michels nous a exposé comment le socialisme, en Allemagne, ne pourrait renaître qu'en utilisant l'expérience du mouvement syndicaliste français. Il y a là un phénomène frappant. Et, pour clôturer cette réunion, je voudrais rechercher avec vous pourquoi notre action a ainsi forcé l'attention de nos camarades de l'étranger et quels sont les caractères essentiels du syndicalisme français.

Pour répondre à cette question, je ne pourrai mieux faire que de comparer notre action à celle des ouvriers allemands, dont Michels vient de nous entretenir. En opposant ainsi la classe ouvrière française à la classe ouvrière allemande, nous opposerons les deux incarnations les plus typiques du syndicalisme et du socialisme politique. Ce qui ressort avec le plus de netteté, c'est l'opposition existant entre l'action syndicale en France et l'action syndicale en Allemagne. En Allemagne, il y a *une masse de syndiqués*; en France, il y a *un syndicalisme,* théorie qui résume et contient toute l'action ouvrière.

Michels nous a montré que les ouvriers allemands ont peur de compromettre par une politique trop audacieuse le vaste mais fragile édifice de leur organisation socialiste et syndicale. Il nous a exposé leur défiance de toute action hasardeuse et leur amour immodéré de la modération. C'est bien cela. L'ouvrier allemand a peur et il craint. Il a peur de s'aventurer, de risquer, de s'engager dans la lutte. Il craint toutes les forces d'ordre, d'autorité, de hiérarchie. Il a le respect timoré de ses maîtres.

Je me souviens de deux faits significatifs, que j'ai connus au cours du voyage que je fis à Berlin, lorsque, en présence des bruits de guerre, provoqués par la question marocaine, j'allais proposer, de la part des syndicats français, une action concertée aux syndicats allemands. Comme je visitais une exposition du travail à domicile, qui avait lieu en ce moment, mon attention fut attirée par un superbe coussin qui s'étalait derrière une vitrine et sur lequel resplendissait une belle inscription en or. Je demandai ce que cela signifiait. On me répondit que c'étaient les mots : Vive l'Empereur ! Je ne pus m'empêcher de marquer ma stupéfaction. Les camarades allemands qui m'accompagnaient me répondirent alors que ce coussin était exposé par les syndicats chrétiens. Je ne pus qu'observer : Mais vous marchez donc avec les syndicats chrétiens?... — Un autre fait, non moins caractéristique, est le suivant : Dans un banquet de clôture de la construction de je ne sais plus quelle église, les ouvriers du bâtiment qui y assistaient, et qui comptent pourtant parmi les plus révolutionnaires de Berlin, ne purent s'empêcher, à la fin, de se lever et de pousser avec les autres, le cri sacro-saint de : Vive l'Empereur!... Voilà, si je ne me trompe, des actes qu'on obtiendrait difficilement des ouvriers français. Mais l'ouvrier allemand ignore ce que c'est que l'esprit libre et frondeur qui est notre marque distinctive, et il est toujours retenu par la peur et la crainte. Sa lourdeur d'esprit rend son action lourde, lente à s'exercer.

Voyez, par contre, ce qui se passe en France. Ce qui caractérise, chez nous, l'ouvrier, c'est qu'il est audacieux et indépendant. Rien ne l'épouvante. Il est au-dessus de toute autorité, de tout respect, de toute hiérarchie. Devant un ordre du pouvoir, tandis que le premier mouvement de l'ouvrier allemand est d'obéir, le premier mouvement de l'ouvrier français est de se révolter. Il résiste et proteste; il critique et s'insurge. Et il passe à l'acte, immédiatement. Il ne se demande pas, avant d'agir, si la loi lui permet ou non d'agir. Il agit et voilà tout. C'est là le sens profond de l'action directe, qui signifie l'action personnelle des ouvriers, s'exerçant en dehors de toute considération légalitaire et de toute autorisation d'en haut. Comme l'ouvrier allemand est loin de cette désinvolture! Tout acte est, chez lui, longuement prémédité, mûrement réfléchi. Il pèse le pour et le contre, voit si c'est permis ou défendu, tourne et retourne, si bien qu'il finit par ne pas agir du tout et à rester, sans possibilité d'en sortir, dans le cercle vicieux où il s'enferme lui-même.

Et vraiment, si l'on examine les exigences de l'action, on voit toute la supériorité de la décision et de l'initiative française sur la prudence et la pesanteur allemandes. A trop réfléchir, on n'entreprend jamais rien. Il faut aller de l'avant, se laisser porter par sa propre impulsion naturelle, ne se fier qu'à soi-même, et se dire que ce n'est pas à nous à nous adapter à la légalité, mais à la légalité à s'adapter à notre volonté. Les objections que font de savants et sages intellectuels, à l'action spontanée et créatrice, nous laissent froids. Vraiment, étant données les complications de la vie moderne, comme tout se tient et dépend l'un de l'autre, on n'en finirait jamais d'examiner à la loupe chacune de nos moindres actions avant de la commettre. Et, d'ailleurs, on ne pourra jamais tout prévoir, si l'on commence à vouloir tout peser et repeser ! Là est l'originalité du syndicalisme français, qui ne connaît que l'action. Il ne se laisse pas paralyser, lui, par la peur et la crainte. Mais il attaque, il va par coups d'audace, prend ses ennemis par surprise et finit par triompher.

C'est cette attitude décidée, cette audace incessante, cette énergie inlassable qui nous vaut, à cette heure, les coups du pouvoir. Le gouvernement le plus démocratique que nous ayons eu nous fait une chasse sans trêve et nous menace de toutes les persécutions. Je le regrette pour M. Clémenceau, mais il perdra son temps. Toutes ces poursuites, toutes ces persécutions, ne feront que nous fortifier, nous entraîner davantage à la lutte, et nous rendre plus redoutables pour ceux-là mêmes qui croient nous atteindre !

APPENDICE

Syndicalisme et Anarchisme

Jusqu'à ces derniers temps, les différences irréductibles entre le syndicalisme et l'anarchisme traditionnel n'avaient pas été mises en lumière. Il n'en est plus de même aujourd'hui. Les organes anarchistes sont sortis de leur réserve à l'égard du mouvement nouveau et ils ne lui ménagent plus les attaques.

Je n'ai pas l'intention de discuter ici longuement les rapports du syndicalisme et de l'anarchisme. Mais je veux mettre à la portée du lecteur quelques documents qui lui permettront de se faire une opinion.

*
* *

Je ne remonterai pas plus loin que la conférence où furent prononcés les discours que l'on vient de lire. Peu de jours après, en effet, les *Temps Nouveaux* du 13 avril 1907 publiaient un article signé M. Pierrot où nous étions vivement pris à partie. L'auteur se faisait fort de prouver que syndicalisme et anarchisme devaient être identiques et que, n'étant pas anarchistes, nous ne pourrions être syndicalistes.

En réponse à cette affirmation, j'adressais aux *Temps Nouveaux* une lettre rectificative, dont voici le principal passage :

Je n'ai certes pas le droit d'engager dans les *Temps Nouveaux* une discussion théorique. Mais je ne peux pas laisser dire que *c'est moi qui ai inventé pour les besoins de ma cause :* 1° que le mouvement ouvrier syndicaliste révolutionnaire ne date *réellement* que de 1900-1901 ; 2° que le syndicalisme est différent de l'anarchisme.

Ces deux affirmations ne sont pas de moi : *elles émanent des syndicalistes et des anarchistes les plus autorisés.* Les faits qui suivent le prouvent.

I. — Et d'abord, les origines du syndicalisme. — Voici comment le secrétaire de la C. G. T., Griffuelhes, retraçait au Congrès d'Amiens la formation historique du syndicalisme (*Compte rendu,* p. 167) :

« Coupat a dit qu'avant 1900, la C. G. T. n'avait pas « prêté le flanc aux critiques. Oui, parce qu'elle n'existait pas. Il a ajouté que l'entrée de Millerand au minis« tère a donné naissance à cet état d'esprit. Rappelons « des faits peu connus :

« A peine Millerand ministre, parut une déclaration « signée de Keufer, Baumé, Moreau, en faisant suivre leur « nom de leur qualité de secrétaire d'organisation, etc., « approuvant son acte. Est-ce que pareille déclaration ne « constituait pas un acte politique ? Et quel pouvait en « être le résultat ? Puis, à l'Union des syndicats de la « Seine, on vint proposer un banquet à Millerand. « N'était-ce pas encore un acte politique bien défini ? « Seul, je m'y opposai. On manœuvrait alors pour « introduire l'influence du gouvernement au sein de la « Bourse du Travail, — et c'est en réaction à cette ten« dance qu'est venu l'essor de la C. G. T.

« Au lendemain de Chalon, les membres de la Com« mission de la Bourse du Travail reçurent, pour eux « et leurs familles, une invitation à une soirée du « ministre du commerce ; deux jours après, nouvelle « invitation — de Galliffet, celle-là ! — pour un carrousel. « Que voulait-on ? Nous domestiquer ! Nous fûmes « deux à protester et à propagander contre. Nous « dévoilâmes ces manœuvres et, petit à petit, nous « finîmes par faire voir clair aux camarades.

« L'explosion de vitalité de la C. G. T. résulte de ces « événements. Il y eut une coalition d'anarchistes, de « guesdistes, de blanquistes, d'allemanistes et d'élé- « ments divers pour isoler du pouvoir les syndicats. « Cette coalition s'est maintenue, elle a été la vie de la « Confédération. »

Je n'ai pas dit autre chose. — Premier point.

II. — Second point : Les faits qui m'ont permis de qualifier le syndicalisme de *mouvement nouveau* sont ceux-là mêmes qui montrent qu'il est différent du *pré-syndicalisme* de 1894 à 1900 et de *l'anarchisme*.

Les voici :

1° Le mouvement syndical, d'ailleurs *très faible*, qui constitua le *pré-syndicalisme*, était (à la fois) allemaniste grève-généraliste et anarchiste anti-parlementaire. Or, le syndicalisme n'est pas allemaniste, tant au point de vue de la grève générale que de la notion de parti politique, et l'*extra-parlementarisme* de la C. G. T. n'est pas identique à l'*anti-parlementarisme* de l'anarchisme. De plus, les syndicats collaborèrent, en 1899, avec le gouvernement, au *Triomphe de la République* : le feraient-ils aujourd'hui ?

2° L'œuvre de Pelloutier, dont Sorel a souvent rappelé la grandeur, aboutissait à une contradiction, en mettant à la base des institutions syndicales les *subventions des pouvoirs publics*... Le syndicalisme est *antisubventionniste* ;

3° La propagande du *Père Peinard* — qui mit souvent en évidence la valeur révolutionnaire du syndicat — fut principalement *antivotarde*. L'activité syndicaliste actuelle de Pouget indique à quel point le *mouvement nouveau* se préoccupe de l'agitation abstentionniste ;

4° La brochure de 1898, du *Groupe des Étudiants socialistes révolutionnaires internationalistes*, invite les anarchistes à « entrer » dans les syndicats, — *parce que les syndicats offrent des milieux excellents pour la propagande anarchiste*. (Pages, 16, 18, 21, 23, 25, 30.) — Le

P. O. F. disait aussi que les syndicats étaient un champ propice à la propagande guesdite.

5° Cette brochure pseudo-syndicaliste fut d'ailleurs blâmée par les anarchistes. *Kropotkine, après l'avoir lue, refusa d'en écrire la préface.* Il donna ses raisons *dans une lettre que Pierrot ne peut pas refuser de publier...* Ce sera pour lui le meilleur moyen de me confondre.

Voilà pour le *pré-syndicalisme.*

III. — Quand aux syndicalistes, Pierrot a-t-il oublié comment ils se sont affirmés indépendants de l'anarchisme ? Je vais le lui remettre en mémoire.

1° Le Congrès d'Amiens a signifié que « les organisations confédérées n'ont pas, en tant que groupements syndicaux, à se préoccuper des *partis* et des *sectes*, qui, en dehors et à côté, peuvent poursuivre en toute liberté la transformation sociale. » Pierrot sait que cela vise en même temps le parti socialiste et le mouvement anarchiste ;

2° A ce même Congrès d'Amiens, où tant de fois a été prononcée la formule : *le syndicalisme se suffit à lui-même*, l'un des secrétaires de « l'Union fédérale de la métallurgie », Latapie, s'exprimait ainsi :

« On a parlé trop comme s'il n'y avait ici que des « socialistes et des anarchistes. On a oublié qu'il y a « surtout des syndicalistes ! *Le syndicalisme est une « théorie sociale nouvelle...* Le syndicalisme n'est pas « seulement une action réformatrice de chaque jour ; « les répercussions même de l'action syndicale indiquent « la nécessité d'une action pour la transformation « sociale complète. Nous faisons ainsi forcément de la « politique, non de la politique électorale, mais de la « politique au sens large du mot... Il faut que les con- « gressistes se prononcent sur elle, il faut qu'ils disent « que *cette doctrine est indépendante et du socialisme « et de l'anarchisme.* »

3° Encore dans cette discussion d'Amiens, Broutchoux

ayant voulu assimiler le syndicalisme à l'anarchisme, fut désapprouvé par son syndicat ;

4° Pierrot n'ignore pas enfin que les syndicalistes de la C. G. T., pressentis pour assister *à titre individuel* au prochain Congrès anarchiste d'Amsterdam, ont décliné l'invitation.

IV. — De leur côté, les anarchistes tiennent à se distinguer des syndicalistes.

1° Les principaux d'entre eux préconisent la reconstitution des groupes anarchistes, dissous par le syndicalisme, parce qu'ils trouvent que l'action syndicaliste est trop limitée par sa nature ;

2° L'*antipatriotisme*, qui fait partie intégrante du syndicalisme, est blâmé par Kropotkine (voir sa lettre à ce sujet, publiée en son temps par les *Temps nouveaux*) et par d'autres anarchistes au passé ou aux tendances patriotiques ;

3° Enfin les *Temps Nouveaux* eux-mêmes (n° du 15 décembre 1906) répondent à Pierrot. C'est un anarchiste syndicaliste, Charles Benoît, délégué au Comité fédéral de la Section des Bourses, qui écrit :

« N'est-il pas évident que *le syndicalisme ne peut pas* « *être tout*, et que les *anarchistes peuvent et doivent agir* « *hors de lui*, après avoir agi en lui ?... Si actuellement, « en France, le communiste anarchiste semble stagnant, « cela tient, je crois, à ce qu'un trop grand nombre de « camarades confinent leur action dans le syndica- « lisme ; *soyons autre chose que des militants syndica-* « *listes.* »

TABLE DES MATIÈRES

Pages

Avant-propos (Hubert Lagardelle) 3

I. Le Syndicalisme et le Socialisme en Italie (Arturo Labriola) 9

II. Le Syndicalisme et le Socialisme en Allemagne (Robert Michels) 21

III. Le Syndicalisme et le Socialisme en Russie (Boris Kritchewsky) 29

IV. Le Syndicalisme et le Socialisme en France (Hubert Lagardelle) 35

V. Les Caractères du Syndicalisme français (Victor Griffuelhes) 55

Appendice : Syndicalisme et Anarchisme (Hubert Lagardelle) 59

Imprimerie coopérative ouvrière

Villeneuve-St-Georges (S.-et-O.)

www.ingramcontent.com/pod-product-compliance
Ingram Content Group UK Ltd.
Pitfield, Milton Keynes, MK11 3LW, UK
UKHW012257240726
13966UKWH00004B/1451